Environ 1€ par pers.

Environ 2€ par pers.

Environ 3€ par pers.

Environ 4€ par pers.

tout petit prix

JE CUISINE AVEC

WeightWatchers

Photographies de Valéry Guedes
Stylisme de Natacha Arnoult

LES PETITS PLATS
MARABOUT
ORIGINAUX & AUTHENTIQUES
DEPUIS L'AN 2000

sommaire

mes petits menus équilibrés

À L'APÉRITIF

• Privilégiez les légumes (en dips, brochettes, etc.). Un apéritif prolongé peut faire absorber autant de calories qu'un repas si on n'y prend pas garde. Vous pouvez aussi faire un « apéritif dînatoire » en proposant les « dips de poulet à l'indienne » (recette p. 24).

• Côté boisson : champagne brut et vin sont les apéritifs qui vous apporteront le moins de calories, au regard de la quantité. Si toutefois vous préférez les alcools forts, whisky, vodka, etc. allongez-les avec un soda light.
Quant à la solution la meilleure : un jus de tomate bien relevé avec Tabasco, sel de céleri et poivre, servi avec un bâtonnet de céleri dans le verre, ou tout simplement un soda light.

SOIRÉE FILLES

Entre filles, c'est l'occasion de profiter d'un repas sain et équilibré sans les remarques de ces messieurs. Nous suggérons, en entrée, le « velouté de carottes au curry » (recette p. 8), ensuite la « papillote de julienne aux agrumes » (recette p. 52), servie avec du riz, puis un « petit ramequin pomme cerise » (recette p. 80).

PLATEAU-TÉLÉ

Pour éviter pain et fromage, préparez rapidement votre plateau-télé avec les « pâtes épicées aux poivrons rouges » (recette p. 42) et une « pomme fruit vapeur » (recette p. 76).

REPAS DE FÊTE

Pour un repas festif mais équilibré, proposez, en entrée, un « soufflé de petits-suisses » (recette p. 20), suivi de « porc à la cannelle » (recette p. 62) et d'une « panna cotta aux myrtilles » (recette p. 78) pour finir.

LES AMIS DÉBARQUENT À L'IMPROVISTE

Pas grave, vous avez de quoi faire face dans vos placards ou votre réfrigérateur. En entrée, allez au plus simple avec une « salade de crudités » puis, en plat, préparez des « tournedos de dinde aux champignons » (recette p. 72), et terminez avec des « abricots à la cannelle » (recette p. 90).

les bons conseils

ACHETEZ MALIN

• Achetez des produits de saison, ils sont moins chers et bien meilleurs.

• Lorsqu'il y a des promotions, profitez-en. Au final, vous êtes gagnant sur le prix au kilo.

• Achetez juste la quantité nécessaire à votre recette, vous ne gâcherez pas le surplus. Si ce n'est pas possible, préparez la recette en double et congelez-en pour un autre repas.

LES ASTUCES AU QUOTIDIEN

• Ne jetez rien ! Par exemple, si vous achetez des radis, ne jetez pas leurs fanes, utilisez-les pour préparer un potage, de même pour les blettes.

• Achetez le plus souvent possible des produits basiques et simples. Plus ils auront subi d'étapes de transformation, plus ils seront chers. Exemple, si vous achetez du riz tout cuit, prêt à consommer, vous le paierez plus cher qu'en le faisant cuire vous-même et en le congelant en portions.

• Vous gagnerez du temps et ferez des économies en cuisinant vos recettes pour plusieurs repas. Si vous cuisinez vous-même, vous gérerez le contenu et aurez l'avantage de maîtriser les matières grasses et le sel.

• N'hésitez pas à utiliser les fruits et les légumes surgelés qui n'ont rien perdu de leurs valeurs nutritives et qu'on a toujours sous la main en cas de besoin. Vous pouvez également utiliser les légumes en conserve, n'oubliez pas de bien les rincer avant de les utiliser pour enlever le sel.

ORGANISER VOS REPAS DE LA FAÇON SUIVANTE :

Petit déjeuner : un glucide (pain ou céréales pas trop sucrées), un laitage et un fruit.

Repas principaux : l'idéal est de consommer un glucide (pâte, riz, pomme de terre), des légumes et une protéine (viande, œuf, poisson ou légumineuse) et de terminer par un laitage et/ou un fruit.

Astuces : si vous n'avez pas la possibilité d'avoir une assiette équilibrée à un repas, compensez le manque au repas suivant (souvent les légumes). Si vous mangez de tout, cela vous oblige spontanément à diminuer les quantités de chaque aliment (si vous mangez féculents et légumes, vous êtes obligé de diminuer la quantité de féculents au profit des légumes...)

Matières grasses : soyez vigilants et essayez de consommer en priorité des matières grasses végétales (huile, margarine)s et consommez le beurre de préférence cru.

POUR 4 PERSONNES / PRÉPARATION : 15 MINUTES / CUISSON : 35 MINUTES

potage de pois chiches à l'orientale

chez le primeur
100 g d'oignons
2 gousses d'ail
350 g de tomates bien mûres
1 bouquet de persil plat

chez l'épicier
1 boîte de pois chiches (240 g égouttés)
1 cuillère à café d'huile d'olive
30 g de raisins secs
1 cuillère à café de curry
sel, poivre

1. Égoutter les pois chiches dans une passoire. Éplucher les oignons et l'ail. Couper les tomates en dés. Laver le persil, éliminer les tiges dures.

2. Faire chauffer l'huile d'olive dans une grande cocotte. Ajouter les oignons émincés et l'ail. Laisser dorer 5 minutes à feu très doux, en remuant. Ajouter dans la cocotte les tomates, les pois chiches, les raisins secs, le persil et le curry. Saler, poivrer et mouiller avec 50 cl d'eau. Faire cuire à feu très doux pendant 30 minutes.

3. Mixer le potage et servir très chaud.

ENVIRON 2€ PAR PERS.

Mixer le potage directement dans la cocotte avec un mixeur plongeant, ou dans un blender.

POUR 4 PERSONNES / PRÉPARATION : 15 MINUTES / CUISSON : 12 MINUTES

velouté de carottes au curry

chez le primeur
2 oignons
600 g de carottes
2 cuillères à café de coriandre hachée

au rayon frais
6 portions de fromage fondu allégé (de 17 g)

chez l'épicier
1 cuillère à café d'huile d'olive
¼ de cuillère à café de muscade
1 cuillère à café de curry en poudre
80 cl de bouillon de volaille dégraissé
sel, poivre

1. Peler et émincer les oignons. Peler puis rincer les carottes, les couper grossièrement en rondelles.

2. Dans un autocuiseur, faire chauffer l'huile d'olive, y faire revenir les oignons à feu doux puis ajouter les carottes. Poivrer, saupoudrer de curry en poudre et de muscade. Mélanger et recouvrir de bouillon de volaille. Fermer hermétiquement et cuire 12 minutes à partir de la mise en rotation de la soupape.

3. Enlever le couvercle, ajouter le fromage fondu coupé en petits morceaux, mélanger et mixer avec un mixeur plongeant. Rectifier l'assaisonnement en sel si nécessaire. Servir dans des bols ou des assiettes et parsemer de coriandre.

ENVIRON 1€ PAR PERS.

Accompagner de 2 gressins par personne.

POUR 4 PERSONNES / PRÉPARATION : 15 MINUTES / CUISSON : 24 MINUTES

soupe de tomate à l'estragon

chez le primeur

800 g de tomates bien mûres
1 oignon doux
2 gousses d'ail
1 cuillère à soupe d'estragon ciselé
½ orange non traitée

chez l'épicier

2 cuillères à café d'huile d'olive
1 tablette de bouillon de volaille dégraissé
1 cuillère à soupe de concentré de tomates
sel, poivre du moulin

1. Plonger les tomates dans une grande casserole d'eau bouillante pendant quelques secondes puis les peler, les épépiner et les couper en quartiers. Peler et émincer finement l'oignon. Peler et hacher les gousses d'ail.

2. Faire chauffer l'huile dans une cocotte, y faire revenir l'oignon à feu doux 3 minutes, sans le faire colorer. Ajouter l'ail, remuer 1 minute de plus puis mettre les tomates et l'estragon. Poivrer. Verser 40 cl d'eau dans la cocotte, porter à frémissement puis diluer la tablette de bouillon de volaille et le concentré de tomates. Cuire 20 minutes à feu doux (ou 6 minutes dans un autocuiseur).

3. Râper le zeste de l'orange (1 cuillère à café) et presser le fruit pour en recueillir le jus.

4. Hors du feu, mixer la soupe et rectifier l'assaisonnement en sel. Ajouter le zeste et le jus de l'orange. Servir chaud dans des bols ou des assiettes creuses.

ENVIRON 1€ PAR PERS.

Griller 4 tranches de pain de campagne (100 g), les frotter avec de l'ail. Les casser en morceaux. Répartir les croûtons sur la soupe.

POUR 4 PERSONNES / PRÉPARATION : 10 MINUTES / CUISSON : 20 MINUTES

velouté de champignons à la ciboulette

chez le primeur

500 g de champignons de Paris
100 g de feuilles de laitue bien vertes
4 cuillères à café de ciboulette ciselée

chez l'épicier

1 tablette de bouillon de volaille dégraissé
20 cl de lait concentré non sucré allégé
sel, poivre du moulin

au rayon frais

1 cuillère à café de margarine

1. Rincer les champignons puis couper les pieds terreux. Sécher et détailler les autres en lamelles. Rincer et ciseler les feuilles de laitue. Diluer la tablette de bouillon de volaille dans 10 cl d'eau chaude puis ajouter 70 cl d'eau froide.

2. Faire chauffer la margarine dans une cocotte, y faire suer les champignons émincés 3 minutes. Ajouter la salade et la faire fondre 1 minute. Verser le bouillon de volaille, porter à ébullition et poursuivre la cuisson 10 minutes, à feu doux.

3. Hors du feu, mixer la préparation puis ajouter le lait concentré non sucré. Remettre à cuire à feu doux pendant 5 minutes tout en mélangeant avec une cuillère en bois. Rectifier l'assaisonnement en sel et poivrer. Verser le velouté dans des bols ou des assiettes. Parsemer de ciboulette. Servir bien chaud.

ENVIRON 2€ PAR PERS.

Décorer d'un petit champignon coupé en lamelles.

POUR 4 PERSONNES / PRÉPARATION : 15 MINUTES / CUISSON : 45 MINUTES

minestrone aux pois chiches

chez le primeur

2 carottes
100 g de pomme de terre
4 courgettes
2 poireaux
1 oignon
1 tomate
basilic

chez l'épicier

1 cube de bouillon de volaille, dégraissé
100 g de pois chiches en conserve

au rayon frais

1 cuillère à café de beurre

1. Laver les légumes et la pomme de terre, les détailler en petits cubes. Réserver la tomate. Faire revenir les autres légumes dans le beurre pendant 15 minutes. Ajouter de l'eau à hauteur des légumes, plus 1 cm, puis ajouter le cube de bouillon. Faire cuire 20 minutes.

2. Éplucher la tomate et la mixer avec du basilic. Ajouter cette préparation au minestrone avec les pois chiches et laisser réchauffer 10 minutes avant de servir.

ENVIRON 1€ PAR PERS.

Utiliser du basilic frais ou surgelé.

POUR 4 PERSONNES / PRÉPARATION : 15 MINUTES / CUISSON : 10 MINUTES

tartelettes aux champignons

chez le boulanger
160 g de pâte à pizza

chez le primeur
12 champignons de Paris
2 cuillères à café de thym frais
des fleurs de thym

au rayon frais
4 portions de crème de gruyère allégée

chez l'épicier
2 cuillères à café d'huile d'olive
sel, poivre du moulin

1. Préchauffer le four à 210 °C (th. 7).

2. Étaler la pâte à pizza finement et découper 4 cercles d'environ 14 cm. Les disposer sur une plaque antiadhésive recouverte d'une feuille de papier sulfurisé. Étaler une demi-portion de crème de gruyère sur chaque fond de tarte.

3. Rincer, essuyer et trancher les têtes des champignons en fines lamelles, les disposer en rosace sur le dessus. Badigeonner d'huile à l'aide d'un pinceau, saler et poivrer. Parsemer de thym et ajouter le reste de crème de gruyère coupée en petits dés.

4. Enfourner à four bien chaud pour 10 minutes jusqu'à ce que les tartelettes se décollent de leur papier de cuisson. Décorer chaque tartelette de fleurs de thym.

ENVIRON 1€ PAR PERS.

Ajouter un peu de jambon coupé en lanières. Dans ce cas, ne pas saler.

POUR 4 PERSONNES / PRÉPARATION : 20 MINUTES / CUISSON : 35 MINUTES / REPOS : 4 HEURES

charlottine d'aubergine à la tomate

chez le primeur

2 courgettes
4 aubergines
1 cuillère à soupe de basilic ciselé
½ jus de citron
400 g de tomates
1 gousse d'ail hachée

chez l'épicier

3 feuilles de gélatine
4 cuillères à café d'huile d'olive
sel, poivre

1. Préchauffer le four à 210 °C (th. 7).

2. Rincer et essuyer les courgettes et les aubergines. Peler les courgettes à l'aide d'un couteau économe. Conserver les lanières de peau et les plonger 3 minutes dans l'eau bouillante salée, les égoutter puis les plonger dans de l'eau glacée. Éponger sur un papier absorbant et réserver au frais.

3. Envelopper les aubergines une à une dans une feuille de papier d'aluminium, les mettre sur la grille du four et faire cuire 20 minutes. Déballer et racler la pulpe avec une cuillère. Faire ramollir la gélatine dans un bol d'eau, l'essorer. La mélanger avec la pulpe d'aubergine chaude. Saler, poivrer. Mixer la préparation avec l'huile d'olive, le basilic ciselé et le jus de citron.

4. Tapisser 4 ramequins d'une contenance de 10 cl avec la peau des courgettes, les remplir de la préparation. Réserver 4 heures au réfrigérateur.

5. Avant de servir, préparer le coulis de tomates : peler et couper les tomates en dés. Faire revenir l'ail dans 2 cuillères à café d'huile, ajouter les tomates, saler, poivrer et faire cuire 15 minutes. Mixer et tamiser. Démouler les charlottines sur des assiettes de service. Réchauffer doucement le coulis de tomates et le répartir autour des charlottines.

ENVIRON 3€ PAR PERS.

Décorer d'une feuille de basilic et d'une tomate cerise.

POUR 6 PERSONNES / PRÉPARATION : 15 MINUTES / CUISSON : 20 MINUTES

soufflé de petits-suisses aux herbes

au rayon frais
3 petits œufs
6 petits-suisses à 0 % (360 g)
75 g de gruyère allégé, râpé
1 cuillère à café de margarine

chez le primeur
2 cuillères à soupe de ciboulette ciselée
1 cuillère à soupe de cerfeuil ciselé
1 cuillère à soupe d'estragon ciselé

chez l'épicier
sel, poivre du moulin

1. Préchauffer le four à 180 °C (th. 6).

2. Séparer les jaunes des blancs d'œufs. Mélanger les petits-suisses avec les jaunes d'œufs. Saler et poivrer, incorporer les herbes ciselées puis le gruyère râpé.

3. Monter les blancs en neige avec une pincée de sel. Ajouter un tiers des blancs en neige à la préparation en remuant bien puis incorporer le reste.

4. Enduire de margarine 6 petits moules à soufflé individuels d'une contenance de 15 cl. Y répartir la préparation aux trois quarts et faire cuire 20 minutes sans ouvrir la porte du four. Servir de suite.

ENVIRON 1€ PAR PERS.

Incorporer les blancs en neige délicatement en soulevant la masse à l'aide d'une spatule pour ne pas qu'ils retombent.

POUR 8 BEIGNETS / PRÉPARATION : 5 MINUTES / CUISSON : 20 MINUTES

beignets de maïs

chez le primeur
½ oignon rouge, coupé en morceaux
3 cuillères à soupe de persil (ou coriandre)
2 tomates (cœur de bœuf)

au rayon frais
4 œufs, battus

chez l'épicier
½ cuillère à café d'huile (vaporisée avec le spray)
½ cuillère à café de poudre de moutarde ou 1 cuillère à café de moutarde (facultatif)
200 g de maïs cuit en conserve
sel et poivre fraîchement moulu

1. À l'aide d'un spray, vaporiser de l'huile dans une grande poêle antiadhésive et préchauffer celle-ci à température moyenne.

2. Mélanger l'oignon, 2 cuillères à soupe de persil, les œufs, la poudre de moutarde et le maïs dans un grand bol à l'aide d'une fourchette ou d'un fouet. Bien assaisonner.

3. Remuer bien le mélange avant de déposer 2 grosses cuillères à soupe de pâte dans la poêle. Former un beignet, bien répartir le maïs dans le beignet formé. Laisser cuire pendant 1 minute ou 2. Retourner le beignet pour le faire cuire de l'autre côté. Faire cuire plusieurs beignets en même temps et répéter l'opération jusqu'à épuisement de la pâte.

4. Pendant ce temps, verser les tomates coupées en tranches, dans la poêle et les faire cuire des deux côtés.

5. Garder les beignets au chaud jusqu'à ce que vous en ayez huit. Servir chaque beignet avec une tranche de tomate et agrémenter d'une pincée d'herbes fraîches.

ENVIRON 2€ PAR PERS.

Pour éviter que les beignets ne refroidissent trop vite, préchauffer les assiettes de service.

POUR 4 PERSONNES / PRÉPARATION : 20 MINUTES / CUISSON : 6 MINUTES / MARINADE : 4 HEURES

dips de poulet à l'indienne

chez le boucher

3 filets de poulet (200 g)

au rayon frais

3 yaourts nature, type bulgare à 0 %

chez le primeur

1 gousse d'ail
1 petit oignon blanc
le jus de 1 citron vert
2 cuillères à café de jus de citron
4 cuillères à soupe de menthe fraîche ciselée + 4 branches

chez l'épicier

1 cuillère à café de coriandre en poudre
1 cuillère à café de curry
1 cuillère à café de gingembre en poudre
1 cuillère à café de curcuma
¼ de cuillère à café de piment de Cayenne
sel, poivre

1. Peler l'ail et l'oignon, les mettre dans un blender et les mixer avec le jus de citron vert et les épices jusqu'à l'obtention d'une purée. Ajouter 1 yaourt, saler et mixer de nouveau.

2. Couper chaque filet de poulet en 8 lanières obliques de façon à en obtenir 24 en tout. Les mettre dans un plat creux et les enduire de marinade au yaourt. Filmer et réserver 4 heures au frais.

3. Préparer la sauce à dips : verser 2 yaourts dans un bol, ajouter 2 cuillerées à café de jus de citron et 4 cuillerées à soupe de menthe fraîche ciselée, saler et poivrer. Filmer et réserver au frais.

4. Préchauffer le four en position gril. Étaler les lanières de poulet sur une grille au-dessus de la lèchefrite et enfourner pour 6 minutes en retournant à mi-cuisson.

5. Répartir la sauce à la menthe dans 4 petites coupelles. Les placer sur des assiettes de présentation. Ajouter 6 lanières de poulet sur un nid de feuilles de menthe. Planter un pic en bois sur un morceau de poulet. Déguster au moment de l'apéritif.

ENVIRON 2€ PAR PERS.

Compléter avec des crudités (carottes, concombre, champignons, etc.) coupées en bâtonnets ou en lamelles.

POUR 4 PERSONNES / PRÉPARATION : 10 MINUTES / CUISSON : 20 MINUTES

petits ramequins au roquefort

au rayon frais

4 petits œufs
6 cuillères à café de crème fraîche à 4 %
90 g de roquefort

chez l'épicier

sel, poivre

1. Préchauffer le four à 200 °C (th. 6-7).

2. Battre les œufs avec la crème fraîche et le roquefort finement écrasé. Saler et poivrer. Répartir dans 4 ramequins.

3. Les placer dans un plat rempli d'eau et cuire 20 minutes au four au bain-marie. Démouler et servir chaud.

ENVIRON 1€ PAR PERS.

Accompagner d'une salade de mâche.

POUR 4 PERSONNES / PRÉPARATION : 30 MINUTES / CUISSON : 10 MINUTES

nids de légumes printaniers

au rayon frais
4 feuilles de filo
200 g de jambon blanc dégraissé coupé en cubes
20 cl de crème liquide à 4 %
90 g de fromage de chèvre frais

chez le primeur
100 g de petits pois frais écossés
100 g de haricots verts frais équeutés

chez l'épicier
1 bocal de mini asperges vertes
1 bocal de mini asperges blanches
4 cuillères à café d'huile d'olive
sel, poivre

1. Préchauffer le four à 160 °C (th. 5-6).

2. Préparer les nids : tapisser quatre ramequins individuels à four avec les feuilles de filo. Poser au centre de ces corolles quatre boules de papier d'aluminium. Enfourner 5 à 6 minutes.

3. Cuire séparément les petits pois et les haricots verts dans une grande quantité d'eau salée. Lorsqu'ils sont cuits, les égoutter. Égoutter les asperges.

4. Dans une grande poêle, mettre l'huile d'olive, faire sauter rapidement tous les légumes avec le jambon, poivrer et saler. Garnir les corolles avec cette préparation.

5. Préparer la sauce : faire bouillir la crème puis ajouter le chèvre coupé en dés. Remuer constamment à l'aide d'un fouet afin d'obtenir une sauce onctueuse. En napper les corolles et servir aussitôt.

ENVIRON 3€ PAR PERS.

Utiliser des petits pois et des haricots surgelés.

POUR 4 PERSONNES / PRÉPARATION : 40 MINUTES / REPOS : 1 HEURE / CUISSON : 1 HEURE

gratin d'aubergines tomates mozzarella

chez le boucher

450 g de blancs de dinde hachés

chez le primeur

650 g d'aubergines
1 oignon
2 gousses d'ail
1 cuillère à soupe de persil
5 cuillères à soupe de basilic haché
cerfeuil

au rayon frais

125 g de mozzarella allégée

chez l'épicier

400 g de tomates pelées en boîte
2 cuillères à soupe d'huile d'olive
200 ml de vin rouge
140 g de macaronis
sel, poivre

1. Peler les aubergines, les couper en deux dans le sens de la longueur puis en fines rondelles. Les saupoudrer de sel et les laisser dégorger dans une passoire pendant 1 heure puis les rincer et les sécher avec du papier absorbant.

2. Préchauffer le four à 200 °C (th. 6-7).

3. Faire chauffer la moitié de l'huile d'olive dans une sauteuse pour y faire revenir les aubergines pendant 10 minutes environ. Les déposer sur du papier absorbant pour qu'elles s'égouttent. Ajouter le reste d'huile dans la poêle et faire revenir la dinde hachée jusqu'à ce qu'elle soit cuite. Assaisonner avec du sel et du poivre.

4. Ajouter l'oignon et l'ail pelés et hachés, les tomates et le mélange d'herbes. Verser le vin, porter à ébullition. Goûter et rectifier l'assaisonnement si nécessaire. Baisser le feu et laisser réduire 15 minutes. Pendant ce temps, faire cuire les macaronis puis les égoutter.

5. Garnir le fond d'un plat à gratin avec une couche de préparation à la tomate. Recouvrir avec la moitié des aubergines, des pâtes et du basilic. Ajouter la mozzarella en tranches. Renouveler l'opération en terminant par les aubergines. Faire cuire 30 minutes à four chaud. Servir dans le plat de cuisson.

ENVIRON 4€ PAR PERS.

Accompagner d'une salade de mesclun.

POUR 4 PERSONNES / PRÉPARATION : 20 MINUTES / CUISSON : 35 MINUTES

cocotte aux 5 légumes d'hiver

chez le primeur

8 feuilles de chou vert frisé
2 oignons
300 g de carottes
200 g de petits navets
300 g de potimarron
1 cuillère à soupe de persil haché
1 feuille de laurier

chez l'épicier

2 cuillères à café d'huile d'olive
¼ de cuillère à café de quatre-épices
75 cl de bouillon de volaille
poivre

1. Enlever les côtes des feuilles de chou, faire blanchir les feuilles dans de l'eau bouillante salée 2 minutes, les égoutter et les couper en lanières. Peler et émincer les oignons. Peler, rincer les carottes et les navets puis les couper en bâtonnets. Détailler le potimarron en petits cubes.

2. Dans une cocotte en fonte, faire chauffer l'huile d'olive, à feu moyen. Y faire revenir les oignons 2 minutes. Ajouter les carottes, les navets, le potimarron, le chou et la feuille de laurier. Saupoudrer de quatre-épices. Remuer pendant 3 minutes avec une cuillère en bois.

3. Mouiller à hauteur avec du bouillon de volaille, couvrir et laisser cuire 30 minutes à feu doux. Remuer 2 ou 3 fois en cours de cuisson. Faire évaporer un peu de liquide en fin de cuisson, en ôtant le couvercle.

4. Au moment de servir, poivrer et parsemer de persil. Mélanger. Servir bien chaud.

ENVIRON 3€ PAR PERS.

Servir avec des blancs de volaille pochés dans le même bouillon.

POUR 4 PERSONNES / PRÉPARATION : 15 MINUTES / CUISSON : 40 MINUTES

mille-feuille aux 3 légumes

chez le primeur

500 g de tomates mûres à point
2 gousses d'ail
200 g d'oignons
4 tomates cerises
500 g d'épinards

chez l'épicier

2 pincées de curry
4 cuillères à café d'huile d'olive
sel, poivre

1. Ébouillanter les tomates 1 minute, les passer sous l'eau froide, les peler, éliminer les graines et couper la pulpe en morceaux. Mettre la pulpe dans une sauteuse. Ajouter les gousses d'ail coupées en lamelles et le curry, saler, mélanger et faire cuire 20 minutes sur feu doux en remuant régulièrement.

2. Peler les oignons et les émincer, les mettre dans une poêle. Ajouter l'huile d'olive, saler, poser sur feu doux et faire cuire 20 minutes en tournant de temps en temps. Faire cuire 2 minutes les tomates cerises dans la poêle et les réserver.

3. Équeuter et laver les épinards, les faire cuire à la vapeur 4 à 5 minutes puis les plonger dans de l'eau très froide et les égoutter aussitôt.

4. Préchauffer le four à 180 °C (th. 6).

5. Poser 4 cercles de 10 cm de diamètre dans un plat à four. Mettre une couche d'épinards de 1 cm au fond des cercles, une couche d'oignons, puis une autre couche d'épinards, une couche de tomates et une dernière couche d'épinards. Poser une tomate cerise sur chacun des quatre mille-feuilles. Glisser le plat au four et laisser cuire 10 minutes. Retirer du four et servir aussitôt.

ENVIRON 1€ PAR PERS.

Servir avec un coulis de tomates.
Accompagner de poisson poêlé.

POUR 4 PERSONNES / PRÉPARATION : 20 MINUTES / CUISSON : 40 MINUTES

tian au chèvre

chez le primeur

2 courgettes
1 aubergine
2 tomates
1 oignon
2 brins de basilic

au rayon frais

120 g de chèvre frais allégé
2 cuillères à soupe de parmesan râpé

chez l'épicier

4 cuillères à café d'huile d'olive
5 brins de thym
sel, poivre

1. Préchauffer le four à 200 °C (th. 6-7).

2. Laver les légumes, les couper en fines rondelles. Peler l'oignon, l'émincer et le faire dorer avec 2 cuillères à café d'huile d'olive sur une feuille de cuisson* sur feu vif.

3. Ensuite, dans la même poêle, poêler les rondelles de courgettes et d'aubergine avec la moitié du thym effeuillé sur feu moyen et en remuant régulièrement.

4. Dans un plat à gratin, mettre les rondelles de légumes en les intercalant. Saler, poivrer, déposer le fromage de chèvre après l'avoir écrasé à la fourchette, saupoudrer de parmesan et de thym effeuillé. Cuire 20 à 25 minutes au four. Saupoudrer de basilic juste avant de servir.

* Feuille de Téflon alimentaire qui permet de cuisiner sans ajouter de matière grasse.

ENVIRON 1€ PAR PERS.

La peau de l'aubergine étant assez épaisse, il est parfois préférable de l'éplucher.

POUR 4 PERSONNES / PRÉPARATION : 30 MINUTES / CUISSON : 25 MINUTES

paella de légumes

chez le primeur

50 g de champignons de Paris
100 g de poivron rouge
150 g de brocoli
100 g de dés de tomate

chez l'épicier

4 fonds d'artichaut
1 litre de bouillon de volaille
2 cuillères à café d'huile d'olive
210 g de riz rond
sel et poivre

au rayon des surgelés

100 g de petits pois surgelés

1. Couper les fonds d'artichaut en quatre, détailler les champignons en lamelles, le poivron en lanières et le brocoli en petites fleurettes. Porter le bouillon de volaille à ébullition.

2. Faire chauffer 1 cuillère à café d'huile dans une sauteuse antiadhésive, y faire revenir les légumes coupés 5 minutes, tout en mélangeant. Réserver.

3. Faire chauffer à nouveau 1 cuillère à café d'huile dans la sauteuse, y faire revenir le riz, verser un peu de bouillon de volaille chaud, faire cuire à feu moyen tout en mélangeant jusqu'à ce que le riz devienne translucide.

4. Ajouter les dés de tomate, les légumes réservés, les petits pois surgelés et mouiller avec le reste de bouillon. Poursuivre la cuisson à feu doux jusqu'à ce que le riz ait absorbé le liquide. Poivrer et rectifier l'assaisonnement en sel.

ENVIRON 2€ PAR PERS.

Ne pas hésiter à rajouter du bouillon au cours de la cuisson du riz si nécessaire.

POUR 4 PERSONNES / PRÉPARATION : 15 MINUTES / CUISSON : 9 MINUTES

galette croustillante

chez le primeur

150 g de céleri-rave
400 g de pommes de terre
1 cuillère à soupe de persil ciselé
4 feuilles de laitue

au rayon frais

60 g de tomme de montagne maigre
1 œuf

chez l'épicier

1 cuillère à café de farine
¼ de cuillère à café de muscade en poudre
3 cuillères à café d'huile d'olive
sel, poivre

1. Peler le céleri-rave. Éplucher et rincer les pommes de terre, les sécher. Les râper avec une grille à gros trous. Écroûter la tomme, la râper.

2. Dans un saladier, battre l'œuf, ajouter les râpés de pomme de terre et de céleri-rave puis le persil. Saler, poivrer, saupoudrer de farine et de muscade, bien mélanger.

3. Faire chauffer 2 cuillerées à café d'huile dans une poêle antiadhésive de 24 cm de diamètre, y étaler le mélange pomme de terre/céleri-rave. Bien tasser. Cuire 5 minutes à feu moyen. Retourner sur une assiette. Ajouter la cuillerée à café d'huile restante dans la poêle et faire glisser la galette, face non cuite sur le fond de la poêle. Parsemer de fromage. Poursuivre la cuisson 4 minutes.

4. Servir la galette bien chaude coupée en 4 parts sur des feuilles de laitue.

ENVIRON 1€ PAR PERS.

Mettre un couvercle en fin de cuisson pour faire fondre le fromage.

POUR 4 PERSONNES / PRÉPARATION : 10 MINUTES / CUISSON : 20 MINUTES

pâtes épicées aux poivrons rouges

chez le primeur

200 g de cresson coupé grossièrement
4 poivrons rouges
2 gousses d'ail écrasées
1 ou 2 piments rouges

chez l'épicier

250 g de pâtes aux 3 couleurs (fusilli par exemple)
1 cuillère à soupe de pignons grillés
2 cuillères à soupe de vinaigre balsamique

au rayon frais

100 g de feta allégée, émiettée

1. Faire cuire les pâtes al dente, selon les indications données par le fabricant.

2. Préchauffer le gril du four. Faire griller les poivrons rouges, peau face au gril, jusqu'à ce qu'ils noircissent. Les peler. Les placer ensuite dans un mixeur avec l'ail, le vinaigre et le piment ainsi que quelques cuillerées d'eau et mixer jusqu'à obtenir une purée.

3. Égoutter les pâtes, les passer à la poêle avec le cresson, la feta et les pignons. Mélanger et servir aussitôt avec la sauce.

ENVIRON 2€ PAR PERS.

Une fois grillés, enfermer les poivrons dans un sac plastique quelques instants afin de pouvoir les peler sans se brûler.

POUR 4 PERSONNES / PRÉPARATION : 30 MINUTES / CUISSON : 40 MINUTES

tajine de potiron

chez le primeur

1 kg de potiron (700 g pelé)
2 coings
3 pommes de terre (300 g)
1 gros oignon

chez l'épicier

1 cuillère à café d'huile d'olive
1 pincée de muscade moulue
1 pincée de cannelle en poudre
1 pincée de cumin en poudre
2 clous de girofle
1 cuillère à soupe de miel
2 cuillères à soupe de raisins secs
sel, poivre

1. Éplucher le potiron, les coings et les pommes de terre. Les couper en cubes.

2. Dans une cocotte antiadhésive (ou, mieux, un plat à tajine), faire revenir l'oignon émincé dans l'huile. Ajouter toutes les épices ainsi que le miel et un verre d'eau. Laisser mijoter un instant puis ajouter tous les légumes. Laisser cuire 30 minutes.

3. Ajouter les raisins secs juste avant de servir.

ENVIRON 2€ PAR PERS.

Remplacer les pommes de terre par des patates douces.
Ce plat peut compléter du poisson, du boulghour ou du quinoa.

POUR 4 PERSONNES / PRÉPARATION : 20 MINUTES / CUISSON : 10 MINUTES

haddock poché, sauce au thym citronné

chez le poissonnier

400 g de filets de haddock

au rayon frais

½ l de lait écrémé
8 cuillères à café de beurre

chez le primeur

½ poivron rouge
½ poivron vert
2 brins de thym citronné
2 brins d'aneth

chez l'épicier

sel, poivre

1. Couper les filets de haddock en tronçons d'environ 1,5 cm de large. Les faire pocher 5 minutes dans le lait avec le thym citronné. Prélever le haddock, le réserver au chaud.

2. Porter le lait à ébullition, incorporer le beurre en petits dés sans cesser de remuer. Saler, poivrer, réserver dans un bain-marie.

3. Couper les 2 extrémités des poivrons, enlever les graines, les couper en quatre dans le sens de la longueur, les éplucher à l'aide d'un couteau économe, les émincer en petits bâtonnets puis les cuire 4 minutes à l'eau bouillante, égoutter.

4. Dresser les tronçons de haddock sur le plat de service, napper de lait au thym citronné, parsemé de poivrons et d'aneth.

ENVIRON 3€ PAR PERS.

Accompagner de petites pousses d'épinards sautées à cru puis ajoutées à la préparation.

POUR 4 PERSONNES / PRÉPARATION : 45 MINUTES / CUISSON : 10 MINUTES

cabillaud poché, concombre et citron

chez le poissonnier

4 darnes de cabillaud de 120 g chacune

chez le primeur

2 échalotes
2 concombres (800 g)
2 citrons verts
2 cuillères à café de persil haché

au rayon frais

2 cuillères à café de margarine végétale
4 cuillères à café de crème fraîche

chez l'épicier

12,5 cl de vin blanc
sel, poivre

1. Préchauffer le four à 210 °C (th. 7).

2. Dans un plat à four margariné et parsemé d'échalotes hachées, poser les darnes de cabillaud salées des 2 côtés. Ajouter le vin blanc et 10 cl d'eau, recouvrir d'une feuille d'aluminium et enfourner pour 10 minutes.

3. Peler les concombres, enlever les graines. Les couper en lamelles très fines. Réserver au froid. Peler les citrons à vif, les couper en dés (0,5 cm de côté) puis les mélanger aux concombres.

4. Sortir le plat de cabillaud du four, ajouter la crème fraîche et le mélange citron-concombre. Remettre au four 1 minute. Parsemer de persil haché. Dresser sur les assiettes et servir aussitôt.

ENVIRON 4€ PAR PERS.

Ajouter un peu de chapelure sur le dessus de la préparation et passer sous le gril quelques instants. Remplacer le cabillaud par du lieu.

POUR 4 PERSONNES / PRÉPARATION : 10 MINUTES / CUISSON : 15 MINUTES / REPOS : 15 MINUTES

papillote de maquereaux au basilic

chez le poissonnier

4 filets de maquereau

chez le primeur

2 gousses d'ail
1 oignon blanc nouveau

au rayon des surgelés

2 cuillères à café de basilic surgelé

chez l'épicier

8 cuillères à soupe de vin blanc sec
1 cuillère à café d'huile d'olive
4 tomates pelées entières en boîte
sel, poivre

1. Peler les gousses d'ail et l'oignon, les hacher finement. Les mettre dans un bol avec le basilic, le vin blanc et l'huile d'olive. Laisser macérer 15 minutes au frais.

2. Préchauffer le four à 240 °C (th. 8).

3. Presser les tomates pour éliminer le jus, les couper en tranches. Les disposer au centre de 4 rectangles de papier d'aluminium, ajouter les filets de poisson, saler, poivrer puis les tartiner de marinade à l'ail et à l'oignon. Fermer les papillotes hermétiquement et enfourner pour 15 minutes. Laisser reposer 5 minutes avant d'ouvrir.

ENVIRON 3€ PAR PERS.

Accompagner de haricots verts cuits à la vapeur.

POUR 4 PERSONNES / PRÉPARATION : 20 MINUTES / CUISSON : 8 MINUTES

papillote de julienne aux agrumes

chez le poissonnier

4 pavés de julienne (120 g chacun)

chez le primeur

2 tomates
1 oignon
2 échalotes
1 pamplemousse rose
1 orange
4 feuilles d'estragon

chez l'épicier

12,5 cl de vin blanc sec
4 cuillères à café d'huile d'olive
sel, poivre

1. Préchauffer le four à 210 °C (th. 7).

2. Peler et couper les tomates en rondelles. Éplucher et émincer l'oignon et les échalotes. Peler le pamplemousse et l'orange à vif. Prélever les quartiers, enlever la membrane blanche et récupérer le jus.

3. Découper 4 grandes feuilles de papier d'aluminium épais spécial papillote et disposer au centre de chacune d'elles : 3 rondelles de tomate, un peu d'oignon et d'échalote, une feuille d'estragon et un morceau de julienne. Recouvrir d'agrumes.

4. Relever les bords des papillotes, répartir le vin blanc et le jus d'agrumes réservé. Saler, poivrer et arroser d'une cuillère à café d'huile d'olive. Refermer hermétiquement. Enfourner 8 minutes. Servir les papillotes entrouvertes.

ENVIRON 3€ PAR PERS.

Accompagner de riz blanc ou créole. Remplacer la julienne par de la perche du Nil.

POUR 4 PERSONNES / PRÉPARATION : 15 MINUTES / CUISSON : 25 MINUTES

flan de légumes au bacon

chez le primeur
400 g de haricots verts
6 pommes de terre
4 carottes
4 courgettes

chez le boucher
8 tranches de bacon (100 g)

au rayon frais
4 petits œufs
2 verres de lait écrémé

chez l'épicier
sel, poivre, muscade

1. Préchauffer le four à 210 °C (th. 7).

2. Dans un plat à four légèrement beurré, disposer les haricots verts préalablement ébouillantés et les pommes de terre crues coupées en dés sur une hauteur d'environ 2 cm.

3. Couper les courgettes en fins bâtonnets et les carottes en rubans. Les plonger dans une casserole d'eau bouillante salée. Après 2 minutes de cuisson, les égoutter et les mettre sur les légumes préalablement disposés dans un plat à four. Recouvrir avec les tranches de bacon.

4. Battre les œufs avec 2 verres de lait écrémé, du sel, du poivre et de la muscade puis verser la préparation sur les légumes. Faire cuire à four chaud pendant 20 minutes. Déguster chaud, tiède ou froid.

ENVIRON 3€ PAR PERS.

Pour faire de jolis rubans de légumes, utiliser un couteau économe.

POUR 4 PERSONNES / PRÉPARATION : 20 MINUTES / CUISSON : 35 MINUTES

petits farcis en papillote

chez le boucher
200 g de steak haché à 5 %

chez le primeur
4 petites courgettes rondes
2 poivrons
2 gousses d'ail
persil

chez le boulanger
150 g de pain rassis

au rayon frais
40 cl de lait écrémé

chez l'épicier
sel, poivre

1. Préchauffer le four à 180 °C (th. 6).

2. Couper le pain en morceaux. Le mettre dans un saladier avec le lait. Laisser imbiber.

3. Laver les courgettes et les poivrons. Découper un chapeau dans les courgettes, creuser l'intérieur en enlevant les graines. Ouvrir les poivrons en deux, les épépiner. Peler l'ail et le hacher finement.

4. Ajouter la viande au pain trempé puis l'ail et le persil. Saler, poivrer la farce obtenue. Mélanger tous les ingrédients et en farcir les légumes.

5. Disposer chaque demi-courgette et demi-poivron dans un papier sulfurisé pour four. Refermer les papillotes et enfourner 35 minutes.

ENVIRON 3€ PAR PERS.

Préparées ainsi, les papillotes peuvent être réalisées à l'avance puis cuites ou réchauffées au micro-ondes.

POUR 4 PERSONNES / PRÉPARATION : 15 MINUTES / CUISSON : 15 MINUTES

papillote d'agneau

chez le boucher

4 tranches de gigot d'agneau (120 g chacune)

chez le primeur

2 gousses d'ail
1 grosse tomate
1 cuillère à soupe de basilic ciselé + 4 feuilles

au rayon frais

60 g de feta allégée

chez l'épicier

1 cuillère à café d'huile d'olive
sel, poivre

1. Préchauffer le four à 210 °C (th. 7).

2. Peler et hacher les gousses d'ail. Peler la tomate, couper 4 tranches dans la partie la plus large. Saler et poivrer les tranches de gigot.

3. Avec un pinceau, huiler 4 carrés de papier d'aluminium. Au centre de chacun, disposer une tranche de tomate, parsemer d'ail, de basilic et de feta émiettée, saler et poivrer. Ajouter la tranche de gigot et disposer une feuille de basilic par-dessus.

4. Refermer hermétiquement et enfourner pour 15 minutes. Laisser reposer 5 minutes dans le four éteint avant de les entrouvrir.

ENVIRON 3€ PAR PERS.

Servir avec des haricots verts sautés avec ½ c. à café d'ail haché.

POUR 4 PERSONNES / PRÉPARATION : 15 MINUTES / CUISSON : 20 MINUTES

pintade aux petits légumes en papillote

chez le boucher

4 cuisses de pintade (150 g chacune)

chez le primeur

300 g de haricots verts
2 échalotes
1 pomme
2 carottes

au rayon frais

4 cuillères à café de beurre

chez l'épicier

1 cuillère à soupe de curry
sel, poivre

1. Équeuter les haricots verts. Peler et émincer les échalotes. Peler la pomme, l'émincer en lamelles. Éplucher les carottes. Les détailler en julienne.

2. Préchauffer le four à 210 °C (th. 7).

3. Poser chaque cuisse de pintade sur une feuille de papier d'aluminium. Ajouter une noisette de beurre. Répartir les légumes et les lamelles de pomme puis saupoudrer de curry. Refermer les papillotes hermétiquement. Enfourner 20 minutes. Servir bien chaud.

ENVIRON 2€ PAR PERS.

Remplacer les cuisses de pintade par des cuisses de poulet.

POUR 4 PERSONNES / PRÉPARATION : 10 MINUTES / CUISSON : 17 MINUTES

porc à la cannelle

chez le boucher
4 tranches de rôti de porc dans le filet

au rayon frais
20 cl de lait demi-écrémé

chez l'épicier
1 cuillère à café de cannelle en poudre
sel, poivre

1. Préchauffer le four à 180 °C (th. 6).

2. Saler et poivrer les tranches de porc. Les faire dorer à sec dans une poêle antiadhésive, à feu moyen, 1 minute de chaque côté. Les retirer de la poêle et les saupoudrer de cannelle.

3. Faire chauffer le lait. Mettre les tranches de porc dans un plat allant au four, arroser de lait et enfourner pour 15 minutes. Retourner à mi-cuisson.

ENVIRON 2€ PAR PERS.

Accompagner de carottes ou de pommes de terre en purée.

POUR 6 PERSONNES / PRÉPARATION : 15 MINUTES / CUISSON : 39 MINUTES

pain de viande aux champignons

chez le boucher

600 g de steak haché de bœuf à 5 %

chez le primeur

1 gros oignon
3 gousses d'ail
200 g de champignons de Paris
1 cuillère à café de basilic

au rayon frais

1 blanc d'œuf

chez l'épicier

1 cuillère à café d'huile d'olive
1 cuillère à café de sucre
10 cl de coulis de tomates nature
6 cuillères à soupe de chapelure (90 g)
½ cuillère à café de sel
poivre du moulin

1. Préchauffer le four à 180 °C (th. 6).

2. Battre légèrement le blanc en neige. Émincer l'oignon, l'ail puis les champignons.

3. Faire chauffer l'huile dans une poêle antiadhésive. Ajouter l'oignon et le sucre. Faire dorer 2 minutes à feu doux tout en remuant. Ajouter les champignons et l'ail et poursuivre la cuisson 2 minutes en continuant de mélanger.

4. Mettre la viande dans un saladier, ajouter le coulis de tomates, la chapelure, le blanc d'œuf, le basilic, le sel et le poivre. Ajouter le mélange poêlé. Malaxer jusqu'à obtenir un mélange bien homogène.

5. Verser la préparation dans un moule à cake antiadhésif. Couvrir d'une feuille de papier sulfurisé et enfourner pour 35 minutes. Enlever la feuille de papier sulfurisé 10 minutes avant la fin de la cuisson. Laisser tiédir, démouler et couper en parts. Vérifier si le pain de viande est cuit : poursuivre éventuellement la cuisson quelques minutes.

ENVIRON 2€ PAR PERS.

Accompagner de coulis de tomates.

POUR 4 PERSONNES / PRÉPARATION : 10 MINUTES / CUISSON : 45 MINUTES

lasagnes au poulet et brocolis

chez le boucher
850 g d'escalopes de poulet

chez le primeur
1 oignon
800 g de brocolis

chez l'épicier
8 plaques de lasagne
4 cuillères à café de Maïzena
muscade
sel, poivre

au rayon frais
120 g de gruyère râpé allégé
200 ml de lait écrémé

1. Préchauffer le four à 180 °C (th. 6).

2. Peler puis émincer l'oignon. Détailler les escalopes de poulet en fines lamelles. Faire cuire les brocolis à la vapeur, 5 minutes.

3. Faire revenir l'oignon et le poulet sur une feuille de cuisson*. Bien laisser dorer puis ajouter les brocolis, saler et poivrer.

4. Préparer la béchamel. Pour cela, faire chauffer le lait dans une casserole. Prélever une tasse de lait tiédi pour y délayer la Maïzena puis la reverser dans la casserole. Laisser chauffer en remuant régulièrement jusqu'à ce que la sauce épaississe puis réserver.

5. Dans un plat rectangulaire, déposer une couche de plaque de lasagne dans le fond du plat, verser la moitié de la préparation au poulet, un peu de gruyère puis recommencer l'opération en terminant par le reste de la préparation au poulet et le gruyère. Enfourner pour 45 minutes.

* Feuille de Téflon alimentaire qui permet de cuisiner sans ajouter de matière grasse.

ENVIRON 4€ PAR PERS.

Remplacer les escalopes de poulet par des escalopes de dinde.

POUR 6 PERSONNES / PRÉPARATION : 10 MINUTES / CUISSON : 25 MINUTES

wok de poulet au soja

chez le boucher
6 blancs de poulet

chez le primeur
2 carottes
1 courgette
1 poivron rouge
1 poivron jaune
4 brins de coriandre

chez l'épicier
250 g de germes de soja en bocal
2 cuillères à soupe d'huile d'olive
1 cuillère à soupe de vinaigre de Xérès
1 cuillère à soupe de sauce soja
1 cuillère à soupe de graines de sésame
sel, poivre

1. Détailler les blancs de poulet en cubes. Laver les légumes. Éplucher les carottes et les couper en bâtonnets ainsi que la courgette. Couper les poivrons en deux puis les émincer. Rincer et égoutter les germes de soja. Ciseler la coriandre.

2. Faire chauffer l'huile dans un wok pour faire revenir les carottes et les poivrons 5 minutes sur feu vif. Ajouter le poulet, poursuivre la cuisson 10 minutes. Saler, poivrer. Incorporer la courgette, les germes de soja et la coriandre. Prolonger la cuisson 5 minutes. Verser alors le vinaigre, la sauce soja et parsemer de graines de sésame. Maintenir la cuisson 5 minutes et servir aussitôt.

ENVIRON 4€ PAR PERS.

Utiliser des germes de soja frais.

POUR 4 PERSONNES / PRÉPARATION : 20 MINUTES / REPOS : 30 MINUTES / CUISSON : 45 MINUTES

rôti de dinde aux épices

chez le boucher
1 rôti de dinde (800 g)

chez le primeur
2 gousses d'ail
3 courgettes
2 oignons

chez l'épicier
1 cuillère à soupe de miel
1 cuillère à soupe de jus de citron
1 cuillère à soupe de cumin
1 cuillère à café de cannelle
50 cl de bouillon de poule dégraissé
1 boîte de pois chiches (265 g)
sel, poivre

1. Peler les gousses d'ail et les piquer dans la viande.

2. Dans un bol, mélanger le miel, le jus de citron, le cumin, la cannelle, du sel et du poivre.

3. Disposer la viande dans un plat à four puis la badigeonner sur toutes ses faces avec la préparation précédente. Laisser mariner pendant 30 minutes.

4. Préchauffer le four à 180 °C (th. 6).

5. Éplucher les courgettes et les oignons. Les détailler en morceaux puis les disposer autour de la viande. Verser le bouillon de poule sur les légumes et enfourner 45 minutes. À mi-cuisson, retourner la viande et remuer les légumes. Cinq minutes avant la fin de la cuisson, ajouter les pois chiches, égouttés et rincés. Découper la viande en tranches puis servir avec les légumes.

ENVIRON 3€ PAR PERS.

Agrémenter d'endives braisées.

POUR 2 PERSONNES / PRÉPARATION : 10 MINUTES / CUISSON : 10 MINUTES

tournedos de dinde aux champignons

au rayon des surgelés
2 tournedos de filet de dinde surgelés
1 cuillère à café de ciboulette surgelée

chez le primeur
1 échalote
150 g de champignons de Paris

au rayon frais
2 cuillères à café de margarine

chez l'épicier
5 cl de bouillon de volaille dégraissé
2 cuillères à soupe de lait concentré non sucré à 4 %
sel, poivre

1. Mettre les tournedos à décongeler au réfrigérateur 6 heures à l'avance.

2. Peler et hacher l'échalote. Enlever le pied des champignons, rincer, éponger et détailler les têtes en lamelles. Faire chauffer 1 cuillère à café de margarine dans une sauteuse antiadhésive, y saisir les champignons 2 minutes tout en les retournant. Saler et poivrer. Réserver.

3. Faire chauffer à nouveau 1 cuillère à café de margarine dans la sauteuse. Y cuire les tournedos 3 minutes de chaque côté, saler et poivrer, puis enlever la barde qui les entoure et les remettre dans la sauteuse avec les champignons. Verser le bouillon de volaille et le lait concentré, remuer, couvrir et cuire 2 minutes à feu doux. Parsemer de ciboulette.

ENVIRON 4€ PAR PERS.

Cette recette peut être préparée avec des tournedos frais. Accompagner de pâtes ou augmentez la quantité de champignons.

POUR 4 PERSONNES / PRÉPARATION : 30 MINUTES / CUISSON : 25 MINUTES

escalope de dinde et petits légumes

chez le boucher

4 escalopes de dinde
(de 150 g chacune)

chez le primeur

400 g de navets
4 carottes moyennes
400 g de pommes de terre
1 brocoli (500 g)
4 courgettes de 100 g
thym
½ citron
persil haché

au rayon frais

2 cuillères à soupe de crème
fraîche à 4 %

chez l'épicier

paprika
sel, poivre

1. Laver et éplucher les carottes, les navets et les pommes de terre. Laver le brocoli et séparer les bouquets. Laver les courgettes sans les éplucher et couper les extrémités. Détailler les carottes, navets et pommes de terre en bâtonnets d'environ 0,5 cm sur 5 cm.

2. Couper chaque courgette en deux tronçons de taille égale et les transformer en petits paniers : vers le milieu, couper horizontalement et de chaque côté (en laissant la partie centrale pleine). Creuser cette partie centrale de façon à former une anse. Disposer les autres légumes taillés dans les petits paniers de courgette. Déposer délicatement les paniers remplis dans un appareil vapeur et laisser cuire une dizaine de minutes. Les retirer avec précaution à l'aide d'une cuillère.

3. Préparer la sauce. Dans une casserole, verser la crème fraîche, le thym, le sel, le poivre et une pointe de paprika. Verser 1 cuillère à soupe de jus de citron et laisser chauffer sur feu très doux.

4. Dans une poêle antiadhésive, faire cuire les escalopes 5 minutes sur chaque face. Saler et poivrer légèrement.

5. Disposer sur chaque assiette une escalope et deux petits paniers de courgettes garnis. Napper les escalopes de sauce et les saupoudrer de persil haché.

ENVIRON 4€ PAR PERS.

L'été, cuire les escalopes au barbecue.

POUR 1 PERSONNE / PRÉPARATION : 5 MINUTES / CUISSON : 2 MINUTES 30

pomme fruit vapeur

chez le primeur
1 pomme de 200 g

au rayon frais
1 petit-suisse à 0 %

chez l'épicier
1 cuillère à café de miel

1. Peler la pomme à l'aide d'un vide-pomme, enlever le trognon. L'envelopper dans un film alimentaire étirable : bien serrer le film autour de la pomme, fermer hermétiquement en papillote. La mettre sur le plateau en verre du four à micro-ondes et faire cuire 2 minutes et 30 secondes (800 W). Veiller à adapter le temps de cuisson en fonction du poids, du nombre de pommes ou de la puissance de l'appareil.

2. Laisser tiédir et enlever le film alimentaire. Mettre la pomme dans une coupelle, la couper en deux, ajouter le petit-suisse égoutté au centre et napper de miel. Servir avec une petite cuillère.

ENVIRON 1€ PAR PERS.

Choisir une pomme naturellement sucrée qui se cuit bien : jonagold, gala, golden...

POUR 4 PERSONNES / PRÉPARATION : 15 MINUTES / RÉFRIGÉRATION : 4 HEURES

panna cotta de yaourt et myrtilles

au rayon frais

10 cl de lait demi-écrémé
3 yaourts brassés nature au lait entier de 125 g

chez le primeur

250 g de myrtilles (ou autres fruits rouges de saison : mûres, framboises, fraises...)
1 cuillère à café de jus de citron

chez l'épicier

4 feuilles de gélatine
5 cuillères à soupe d'édulcorant en poudre

1. Faire ramollir les feuilles de gélatine dans un récipient d'eau froide puis les essorer.

2. Faire chauffer le lait dans une petite casserole. Hors du feu, y diluer la gélatine.

3. Fouetter les yaourts, les ajouter au lait avec 3 cuillères à soupe d'édulcorant. Mélanger pour bien homogénéiser.

4. Verser la préparation dans un plat rectangulaire sur une hauteur de 2 à 3 cm d'épaisseur et réserver au réfrigérateur pendant 4 heures.

5. Au moment de servir, préparer le coulis : mixer les myrtilles avec le jus de citron, filtrer puis incorporer 2 cuillères à soupe d'édulcorant, bien mélanger. Démouler la panna cotta sur un plat, la couper en 4 parts puis en petits triangles. Les disposer sur des assiettes de service et napper de coulis de myrtilles.

ENVIRON 2€ PAR PERS.

Ajouter éventuellement une goutte d'extrait de vanille dans le mélange au yaourt avant de le faire prendre.

POUR 8 PETITS GÂTEAUX / PRÉPARATION : 15 MINUTES / CUISSON : 25 MINUTES

petits ramequins pommes cerises

chez le primeur
1 belle pomme
200 g de cerises au sirop léger (dénoyautées)
1 cuillère à soupe de jus de citron

au rayon frais
2 jaunes d'œufs
200 g de fromage blanc à 0 %

chez l'épicier
2 cuillères à soupe d'édulcorant de cuisson
3 cuillères à soupe de fécule de pommes de terre
2 cuillères à soupe de sucre vanillé

1. Préchauffer le four à 180 °C (th. 6).
2. Peler la pomme et l'émincer en tout petits morceaux. Égoutter les cerises et les sécher.
3. Dans un récipient, mélanger les jaunes d'œufs, le fromage blanc, l'édulcorant, la fécule, le sucre vanillé et le jus de citron.
4. Déposer 1 cuillère à café de cette préparation dans 8 petits moules antiadhésifs. Répartir les morceaux de pomme et les cerises. Recouvrir avec le reste de préparation. Enfourner pour 25 minutes puis attendre quelques minutes avant de démouler.

ENVIRON 1€ PAR PERS.

On peut aussi réaliser cette préparation dans un grand plat rectangulaire pour une version familiale.

POUR 8 MUFFINS / PRÉPARATION : 20 MINUTES / CUISSON : 15 MINUTES

muffins aux pépites de chocolat

chez le primeur

2 bananes bien mûres

au rayon frais

2 œufs
10 cl de lait écrémé

chez l'épicier

5 cuillères à soupe de farine (100 g)
1 cuillère à soupe de fécule de pomme de terre (10 g)
¼ de sachet de levure
1 cuillère à café de vanille en poudre
2 cuillères à soupe de cacao non sucré (15 g)
4 cuillères à soupe d'édulcorant en poudre
25 g de pépites de chocolat

1. Préchauffer le four à 180 °C (th. 6).

2. Peler les bananes, les écraser à la fourchette.

3. Tamiser la farine, la fécule, la levure, la vanille, le cacao et l'édulcorant. Verser le mélange dans un petit saladier. Faire un puits, ajouter les œufs et les bananes écrasées puis fouetter en versant peu à peu le lait pour bien mélanger.

4. Répartir la préparation dans 8 petits moules à muffins en silicone d'une contenance de 4 cl remplis aux deux tiers. Y répartir les pépites de chocolat.

5. Enfourner pour 15 minutes (vérifier la cuisson avec la lame d'un couteau). À la sortie du four, laisser tiédir puis démouler.

ENVIRON 1€ PAR PERS.

Pour un goût plus sucré, remplacer l'édulcorant en poudre par 1 c. à c. d'édulcorant liquide de cuisson et l'incorporer au lait.

POUR 2 PERSONNES / PRÉPARATION : 5 MINUTES / CUISSON : 3 MINUTES / REPOS : 1 HEURE

fromage blanc pomme-cannelle

chez le primeur

1 grosse pomme

au rayon frais

2 pots de fromage blanc à 0 % à la vanille (100 g chacun)

chez l'épicier

½ cuillère à soupe de cannelle

1. Peler la pomme, ôter le trognon et la couper en quatre. Râper les morceaux avec une râpe à gros trous dans un récipient adapté au four à micro-ondes.

2. Ajouter la cannelle, mélanger et faire cuire à couvert 3 minutes (750 W). Laisser reposer 5 minutes.

3. Mettre le fromage blanc dans 2 coupelles puis y répartir la pomme cuite. Bien mélanger avant de mettre au réfrigérateur pendant 1 heure minimum.

ENVIRON 1€ PAR PERS.

Accompagner de tartines de pain complet légèrement toastées pour un petit déjeuner gourmand.

POUR 1 PERSONNE / PRÉPARATION : 5 MINUTES / CUISSON : 5 MINUTES

pain perdu

au rayon frais

1 petit œuf

3 cuillères à soupe de lait écrémé

dans son placard

2 tranches de pain de mie rassis

chez l'épicier

1 pincée de cannelle en poudre

1 cuillère à café de sucre vanillé

1. Battre l'œuf en omelette.
2. Faire chauffer une poêle antiadhésive munie d'une feuille de cuisson*. Tremper les tranches de pain de mie dans le lait puis dans l'œuf. Déposer le pain trempé dans la poêle, saupoudrer de cannelle et de sucre vanillé.
3. Faire cuire quelques minutes sur une face puis sur l'autre.

* Feuille de Téflon alimentaire qui permet de cuisiner sans ajouter de matière grasse.

ENVIRON 1€ PAR PERS.

Battre l'œuf dans une assiette creuse afin de pouvoir tremper les tranches de pain plus facilement.

POUR 4 PERSONNES / PRÉPARATION : 10 MINUTES / CUISSON : 15 MINUTES

banane en papillote

chez le primeur

4 bananes bien fermes (400 g)
250 g de fraises
1 cuillère à café de jus de citron

chez l'épicier

2 cuillères à soupe de miel liquide
1 sachet de sucre vanillé

1. Préchauffer le four à 210 °C (th. 7).

2. Découper 4 rectangles de papier alimentaire. Y déposer les bananes pelées entières, arroser chacune d'une cuillerée à café de miel. Fermer les papillotes et enfourner à mi-hauteur pendant 15 minutes.

3. Pendant ce temps, préparer le coulis de fraises (réserver les 12 plus belles fraises pour la présentation). Les laver, les équeuter puis les passer au mixeur. Ajouter la seconde cuillerée à soupe de miel, le jus de citron et le sachet de sucre vanillé.

4. À la sortie du four, ouvrir les papillotes en leur centre, verser un peu de coulis de fraises et déposer 2 fraises entières, une de chaque côté de la banane. Servir tiède avec le reste de coulis bien frais.

ENVIRON 1€ PAR PERS.

Pour les enfants, accompagner d'une boule de glace à la vanille.

POUR 4 PERSONNES / PRÉPARATION : 20 MINUTES / CUISSON : 10 MINUTES

abricots à la cannelle

au rayon des surgelés
400 g d'oreillons d'abricots surgelés

chez l'épicier
2 cuillères à soupe de sucre
1 cuillère à café de cannelle

chez le primeur
½ orange

au rayon frais
4 cuillères à soupe de crème fraîche à 4 ou 5 %

1. Mettre les oreillons d'abricots dans un récipient en verre culinaire, couvrir et les faire dégeler au four à micro-ondes, position décongélation, pendant 12 minutes.

2. Préchauffer le four à 210 °C (th. 7).

3. Mélanger le sucre et la cannelle. Presser le jus de l'orange. Étaler 4 feuilles de papier d'aluminium coupées au carré sur un plan de travail. Y répartir les abricots, les arroser d'une cuillerée à soupe de jus d'orange et d'une cuillerée à soupe de crème fraîche, saupoudrer de sucre à la cannelle.

4. Recouvrir de 4 carrés de papier d'aluminium et enrouler les bords pour refermer hermétiquement. Enfourner pour 10 minutes en retournant à mi-cuisson. Attendre 5 minutes avant d'ouvrir les papillotes.

ENVIRON 1€ PAR PERS.

Accompagner d'une faisselle de fromage blanc ou, pour un dessert plus raffiné, d'une boule de glace à la pistache.

POUR 1 PERSONNE / PRÉPARATION : 3 MINUTES / RÉFRIGÉRATION : 30 MINUTES

soupe kiwi-pomme

chez le primeur
2 kiwis
1 pomme granny-smith
le jus de 1 orange

1. Peler les kiwis et la pomme. L'épépiner et la couper en morceaux.

2. Dans un blender, mixer les fruits avec le jus d'orange. Bien mixer jusqu'à obtenir une préparation bien onctueuse. Verser dans un bol et déguster bien frais.

ENVIRON 1€ PAR PERS.

Ajouter une couche de mascarpone sucré fouetté, sur le dessus, et présenter en verrine.

POUR 6 PERSONNES / PRÉPARATION : 15 MINUTES / CUISSON : 30 MINUTES

biscuit de Savoie allégé

au rayon frais

3 œufs
3 cuillères à café de beurre (pour beurrer le moule)

chez l'épicier

3 cuillères à soupe d'édulcorant de cuisson en poudre
2 cuillères à soupe de farine (40 g)
3 cuillères à soupe de fécule de pommes de terre (35 g)
1 pincée de sel

1. Préchauffer le four à 180 °C (th. 6).

2. Casser les œufs en séparant les blancs des jaunes. Mettre les jaunes dans un récipient avec l'édulcorant et le sel. Mélanger avec une cuillère en bois pendant une dizaine de minutes (la préparation doit doubler de volume et devenir plus claire et onctueuse). Ajouter la farine et la fécule, bien mélanger.

3. Battre les blancs en neige ferme, les ajouter délicatement à la préparation précédente pour obtenir un mélange bien homogène.

4. Beurrer un moule à l'aide d'un pinceau, le fariner et verser la préparation. Enfourner à mi-hauteur du four, laisser cuire 30 minutes et vérifier la cuisson. Laisser refroidir avant de servir.

ENVIRON 1€ PAR PERS.

Accompagner de confiture, miel, salade de fruits.
Ajouter éventuellement 1 c. à c. de zeste d'orange râpé.

remerciements et shopping

The Conran Shop
117, rue du Bac 75007 Paris
Tel : 01 42 84 10 01

peintures Ressource
www.ressource-peintures.com

Habitat
www.habitat.net

Muji
www.muji.fr

Marché St Pierre
2 rue Charles Nodier, 75018 Paris
Tél : 01 46 06 92 25

Moline tissus
3 rue Charles Nodier, 75018 Paris
Tél : 01 46 06 14 66

Ikea
www.ikea.fr

Weight Watchers s'adapte à votre vie et à vos envies !

Et vous propose une gamme de services destinés à vous accompagner au plus près de votre démarche d'amaigrissement.

Les réunions
Un programme d'amaigrissement sain et efficace et des réunions hebdomadaires motivantes

L'entretien individuel
Une conseillère exclusivement à votre écoute chaque semaine

Chez vous
Toute l'efficacité du programme d'amaigrissement à domicile

Weight Watchers en Entreprise
Weight Watchers vient à vous et peut organiser des réunions au sein des entreprises, pour être toujours plus proche de chez vous.

Weight Watchers on line
Des outils interactifs pour suivre le programme d'amaigrissement sur internet, au quotidien.

Appelez le n° Cristal 0 969 321 221 (appel non surtaxé)
Ou consultez notre site internet : WeightWatchers.fr

Dépôt légal : mars 2010
ISBN : 978-2-501-06558-0
40 5701 4
Imprimé en Espagne par Graficas Estella